Les animaux canadiens
Les bélugas

Simon Rose

Weigl

Publié par Weigl Educational Publishers Limited
6325 10th Street S.E.
T2H 2Z9
Calgary, Alberta

www.weigl.ca
Série : Les animaux canadiens © 2012
Weigl Educational Publishers Limited

Catalogage avant publication de BibliothÈque et Archives Canada
Rose, Simon, 1961-
    Les bÈlugas / Simon Rose ; traduit par Tanjah Karvonen.

(Les animaux du Canada)
Comprend un index.
Traduction de: Belugas.
ISBN 978-1-77071-413-7

    1. BÈluga–Ouvrages pour la jeunesse.
I. Titre. II. Collection: Animaux du Canada (Calgary, Alb.)

QL737.C433R6714 2011   j599.5'42   C2011-904579-6

Rédacteur
Josh Skapin
Conception
Terry Paulhus
Traduction
Tanjah Karvonen

Générique photographique
Tous les efforts possibles ont été mis en œuvre pour déterminer la propriété des matériaux protégés par les droits d'auteur et obtenir l'autorisation de les reproduire. N'hésitez pas á faire part á l'équipe de rédaction de toute erreur ou omission, ce qui nous permettra de les corriger dans les futures éditions.

Weigl reconnaît que les Images Getty est le principal fournisseur de photos pour ce titre.

Nous reconnaissons que, dans notre travail d'édition, nous recevons le soutien financier du gouvernement du Canada par l'entremise du Fonds du livre du Canada.

Imprimé aux États-Unis d'Amérique à North Mankato, Minnesota
1 2 3 4 5 6 7 8 9 15 14 13 12 11

072011
WEP040711

Toutes les adresses Internet fournies dans cet ouvrage étaient valides au moment de sa publication. Toutefois, en raison de la nature dynamique d'Internet, il se peut que certaines adresses aient changé ou que certains sites aient cessé d'exister depuis sa publication. Bien que l'auteur et l'éditeur regrettent tout inconvénient pour le lecteur, ils ne peuvent ni l'un ni l'autre être tenus responsables de tels changements.

Table des matières

Une description des bélugas

Les bélugas sont de petites baleines blanches qui vivent dans l'océan Arctique. Les bélugas ont un corps trapu et la tête ronde. Ils ont de petits yeux et un bec court sur la tête. Il y a une nageoire de forme presque carrée de chaque côté du corps de la baleine. **Les lobes** de la nageoire de sa queue deviennent plus courbes quand elle vieillit.

Les bélugas ont des couches de graisse appelées du blanc de baleine. Ce blanc de baleine peut mesurer jusqu'à 12 centimètres d'épaisseur. Il aide la baleine à conserver la chaleur de son corps dans les eaux froides de l'Arctique où vivent ces animaux.

▼ Contrairement aux autres baleines, les bélugas n'ont pas de nageoire sur leur dos. Ceci leur permet de nager sous la glace de l'Arctique.

D'autres informations sur les bélugas

- Le mot béluga vient d'un mot russe qui signifie 'blanc'. On appelle parfois les bélugas des baleines blanches.

- Les bébés des bélugas sont appelés **des veaux**.

▲ Le nom scientifique des bélugas est *delphinapterus*.

Comment respirent-ils ?

Les bélugas sont des **mammifères** qui respirent par un trou sur leur tête appelé un évent. L'évent a un battement fait de muscle. Le battement s'ouvre pour laisser pénétrer l'air et se referme pour empêcher l'eau d'entrer. Quand les bélugas expirent, l'évent souffle un jet d'eau. Le jet d'eau venant de l'évent peut être éjecté jusqu'à 90 centimètres de hauteur dans l'air.

▼ Quand ils ont besoin d'air, les bélugas nagent vers la surface de l'eau.

L'avant de la tête du béluga s'appelle le melon. Le melon aide les bélugas à ressentir les sons.

Les bélugas respirent par leur évent.

Les nageoires aident les bélugas à s'orienter quand ils nagent.

Les bélugas ont de petits yeux foncés. Ils sont situés en arrière des coins de leur bouche.

Les bélugas se servent de leurs dents pour prendre et déchirer leur nourriture.

Un animal très spécial

Le corps du béluga est fait pour vivre dans l'océan. Sur sa tête, le béluga a un large nodule gras appelé un melon. Ce nodule est assez flexible. Il permet au béluga de changer **l'expression** de sa face.

Les bélugas sont les seules baleines qui ont un cou. Ce cou leur permet de tourner la tête dans des directions différentes.

▶ Les bélugas font des grimaces pour communiquer avec d'autres baleines.

Le langage des bélugas

- Les bélugas émettent plusieurs sons. Ils peuvent siffler, claquer et grincer. Ces sons servent à communiquer avec les autres bélugas et à trouver **des proies**. Les bélugas mugissent souvent ou se lancent des appels bruyants les uns aux autres.

- Les bélugas font des sons perçants qui se projettent en écho sur les objets. Ces échos aident les bélugas à se faire une idée de leurs environs. Ceci s'appelle **l'écholocation**.

▲ On appelle parfois le béluga le 'canari de la mer'. Les canaris sont connus pour leur chant et les bélugas font souvent des bruits qui résonnent comme des chants.

Comment mangent-ils ?

Les bélugas mangent environ 100 sortes d'animaux différents. Ils se nourrissent de poissons, tels la morue, le hareng et le flet. Ils mangent aussi du calmar, des pieuvres, des crabes, des crevettes, des escargots et des arénicoles.

Les bélugas chassent souvent leurs proies dans l'eau peu profonde. Mais ils peuvent plonger plus de 600 mètres sous l'eau, quand ils cherchent de la nourriture.

▼ Les bélugas adultes mangent jusqu'à 27 kilogrammes de nourriture tous les jours.

Quel repas !

Les bélugas poursuivent des bancs de poissons. Ils amènent les poissons vers l'eau peu profonde avant d'attaquer.

▲ Les scientifiques croient que les bélugas se servent de leur bouche pour sucer comme un aspirateur. La succion de la bouche du béluga l'aide à attraper sa proie au fond de l'océan.

Où vivent-ils ?

Au Canada, on peut trouver les bélugas dans la Baie d'Hudson et dans le Golfe du Saint-Laurent. Ou bien encore les mers Béring et Beaufort près de l'Alaska. Ils vivent aussi dans l'océan Arctique et la mer d'Okhotsk toute proche, qui limite le Japon et la Russie. Au printemps et en hiver, la plupart des bélugas se trouvent dans les régions couvertes de glace. En été et en automne, les bélugas vivent dans les régions de la côte.

▼ Il y a environ 9 000 bélugas qui vivent sur la Côte Ouest de la Baie d'Hudson. Un plus petit groupe vit sur la Côte Est de la Baie d'Hudson.

L'habitat des bélugas

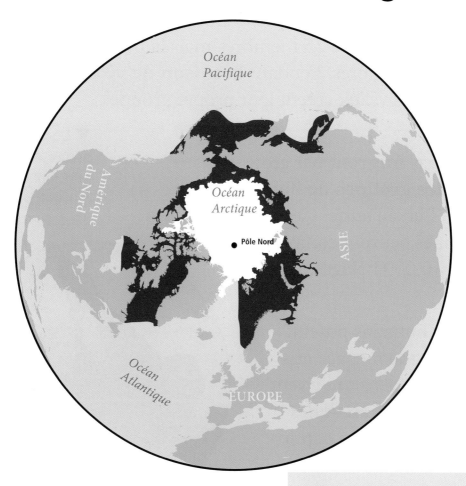

Océan
Pacifique

Amérique
du Nord

Océan
Arctique

• Pôle Nord

ASIE

Océan
Atlantique

EUROPE

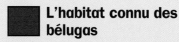
L'habitat connu des bélugas

Amis et ennemis

Les bélugas vivent ensemble en groupes. Les groupes peuvent comprendre 25 membres mais la plupart ont environ 10 membres. Pendant **la saison de vêlage**, la maman et ses veaux créent leur propre groupe.

Les bélugas **migrent** par groupe et, parfois, **les groupes de baleines** se joignent l'un à l'autre. Ces grands groupes de baleines peuvent compter jusqu'à 10 000 bélugas.

Les êtres humains posent la plus grande menace aux bélugas. Les gens qui vivent dans les régions arctiques chassent les bélugas depuis des siècles.

▼ Dans la nature, le principal ennemi des bélugas est l'épaulard.

La comparaison des vitesses

On sait que les bélugas nagent lentement, à une vitesse de 3 à 9 kilomètres à l'heure. Ceci peut poser un problème pour les bélugas quand ils essaient d'échapper aux prédateurs tels l'ours blanc.

▲ Les ours blancs peuvent nager jusqu'à 10 kilomètres à l'heure.

Le développement

Les bélugas femelles ont des veaux tous les deux ou trois ans. Les veaux naissent le plus souvent entre les mois de mai et juillet.

À la naissance, les bélugas pèsent environ 80 kilogrammes et mesurent environ 1,5 mètres. Les veaux savent qu'ils doivent nager à la surface pour respirer l'air. Leurs mamans les aident à atteindre la surface.

▼ Le lien le plus puissant entre les bélugas est celui que forment la mère et ses veaux.

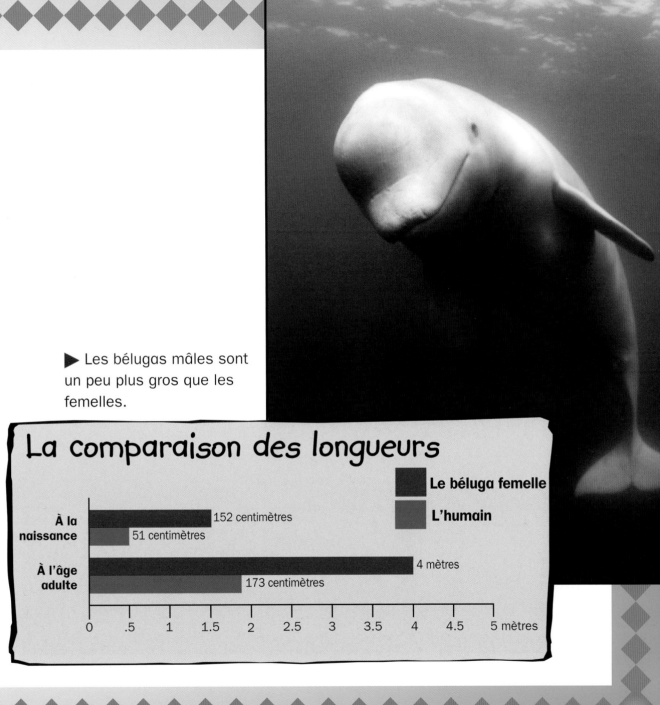

▶ Les bélugas mâles sont un peu plus gros que les femelles.

La comparaison des longueurs

■ **Le béluga femelle**

■ **L'humain**

À la naissance
152 centimètres
51 centimètres

À l'âge adulte
4 mètres
173 centimètres

0 .5 1 1.5 2 2.5 3 3.5 4 4.5 5 mètres

Une menace

On chasse les bélugas comme nourriture.
À cause de cela, la population des bélugas a
diminué. On protège maintenant les bélugas
des gens qui les chassent pour vendre
leur viande.

▼ Il y a maintenant
entre 60 000 et
80 000 bélugas
dans le monde.

Qu'en pensez-vous ?

L'activité des humains peut détruire **l'habitat** des bélugas. Leur habitat est affecté par la pollution des industries. Les déchets de certaines industries sont versés dans l'océan. Est-ce qu'on peut permettre aux industries de se débarrasser de leurs déchets près des habitats des bélugas ? Que peuvent faire les gens pour diminuer la pollution ?

▲ Les déversements de pétrole sont une des façons que l'eau peut devenir polluée.

Les mythes et légendes

Les gens racontent des histoires sur les baleines depuis des centaines d'années. Certaines personnes ont écrit des chansons sur les baleines. Le chanteur Raffi, un musicien qui se produit pour les enfants, chante une chanson bien connue appelée *Baby Beluga*. Raffi a écrit cette chanson après avoir vu un bébé béluga dans l'aquarium de Vancouver.

▲ Dans la Bible, il y a l'histoire d'un homme nommé Jonas qui a été avalé par une baleine.

L'histoire d'un béluga appelé Keiko raconte comment la première guerre entre humains a commencé. Keiko avait épousé une femme qui donna plus tard naissance à une petite baleine. La femme garda le bébé baleine dans une tasse jusqu'à ce qu'il soit trop gros et a du être relâché. On chassa le bébé baleine pour avoir sa viande. Ses parents se sont fâchés et ils ont commencé une guerre pour se venger.

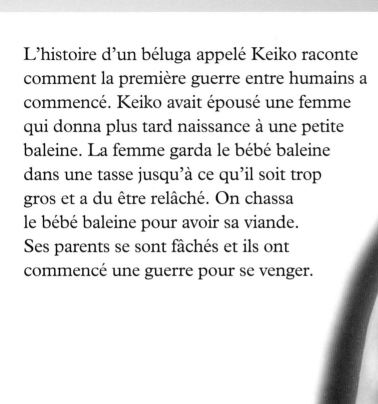

▶ Les peuples autochtones qui vivent dans l'Arctique racontent souvent des mythes et des légendes au sujet des baleines.

Questionnaire

1. Comment appelle-t-on un bébé béluga ?
(*a*) **ourson** (*b*) **veau** (*c*) **chiot**

2. Quel animal est l'ennemi du béluga ?
(*a*) **épaulard** (*b*) **dauphin** (*c*) **pingouin**

3. Comment appelle-t-on un groupe de bélugas ?
(*a*) **banc** (*b*) **groupe** (*c*) **troupeau**

4. De quoi se sert un béluga pour respirer ?
(*a*) **évent** (*b*) **blanc de baleine** (*c*) **nageoire**

5. Quelle sorte d'animal est le béluga ?
(*a*) **poisson** (*b*) **reptile** (*c*) **mammifère**

Réponses : 1. (b) Un bébé béluga est un veau.
2. (a) L'épaulard est un ennemi du béluga.
3. (b) Un groupe de bélugas s'appelle un groupe.
4. (a) Les bélugas respirent par leur évent.
5. (c) Le béluga est un mammifère.

Pour plus d'informations

Pour en savoir plus sur les bélugas, écris à ces organismes ou visite leurs sites web.

Vancouver Aquarium
P.O. Box 3232
Vancouver, British Columbia
V6B 3X8
www.vanaqua.org

The Nature Conservancy of Canada
36 Eglinton Avenue West, Suite 400
Toronto, Ontario
M4R 1A1
www.natureconservancy.ca

Visite des bélugas au Village-Vacances Petit-Saguenay
http://www.youtube.com/watch?v=_kV9eRC11tA

Béluga (baleine)
http://fr.wikipedia.org/wiki/B%C3%A9luga_(baleine)

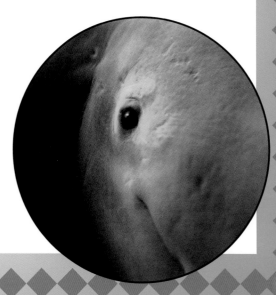

Mots à connaître

écholocation
une façon de déterminer où est situé un objet par la réflexion d'ondes sonores ou de l'écho, contre l'objet

expression
les gestes créés par les muscles du visage

groupe de baleines
plusieurs baleines (bélugas) qui vivent et voyagent ensemble

habitat
l'environnement naturel où vivent les plantes et les animaux

lobes (de la nageoire) de la queue
une paire de nageoires horizontales de la queue des bélugas qu'ils utilisent pour nager

mammifères
des animaux qui donnent naissance à des bébés vivants et les nourrissent avec du lait

migrer
déménager d'un endroit à un autre selon les saisons

proie
des animaux qui sont chassés pour servir de nourriture

saison de vêlage
la période de l'année quand les bélugas naissent

veaux
des bébés ou jeunes baleines

Index